Inhalt

Partner Relationship Management (PRM) - ein wesentlicher Bestandteil des Unternehmensmanagements?

Kernthesen

Beitrag

Fallbeispiele

Weiterführende Literatur

Impressum

Partner Relationship Management (PRM) - ein wesentlicher Bestandteil des Unternehmensmanagem

I.Lukmann

Kernthesen

- Partner Relationship Management wird als eine Form des Customer Relationship Managements (CRM) inzwischen in vielen Unternehmen zur Verbesserung des Beziehungsmanagements auf verschiedenen Ebenen umgesetzt. (2), (11), (15), (17)
- Führungskräfte sind sich weitgehend darüber einig, dass sich PRM/CRM

umsatzsteigernd auswirken und das Erreichen von Unternehmenszielen positiv beeinflusst. (2), (3), (5), (10)
- Die Verantwortung fuer die Implementierung von PRM/CRM-Prozessen wird zunehmend von der Geschäftsleitung getragen. (2), (3)

Beitrag

Das Management von Geschäftsbeziehungen kann in heutiger Zeit zu einem besonderen Wettbewerbsvorteil avancieren. Dabei verdient eine Vernetzung von persönlichen Geschäftsbeziehungen in und außerhalb von Organisationen oder auch Beziehungen zwischen Anbietern und Kunden eine besondere Beachtung. (13), (14)

Im Folgenden wird der Begriff PRM definiert und dessen Zusammenhang zum Konstrukt CRM erläutert. Anschließend wird der Begriff Supplier Relationship Management als eine Variante des Beziehungsmanagements skizziert.

Definition Partner Relationship

Management (PRM)

Partner Relationship Management (PRM) meint das Beziehungsmanagement zwischen Geschäftspartnern wie zum Beispiel Lieferanten oder auch Kunden. Der Begriff PRM wird aus dem Prinzip Customer Relationship Management abgeleitet. Daher können die Prozesse des CRM auch hierauf angewendet werden.

Auch der Begriff Business Relationship Management ist in diesem Zusammenhang üblich geworden. Dabei sollte vor allem die Schwierigkeit, zwischen Partner und Konkurrenten zu unterscheiden, beachtet werden. Entscheidend dabei sind Eigenschaften wie Ausdauer und Geduld, die auf einen dauerhaften Dialog ausgelegt sind. Hierdurch können Erwartungen von Kunden vorab erkannt werden. Das Management zielt darauf ab, aus der Beziehung zwischen Unternehmen und Kunden eine langfristige Partnerschaft zu entwickeln. (15), (17)

Customer Relationship Management (CRM)

CRM ist ein inzwischen weitgehend bekannter

Managementansatz, der mit Hilfe von betriebswirtschaftlichen Konzepten das Kundenbeziehungsmanagement zwischen Unternehmen und Kunden bestmöglich gestalten und verbessern will. Ein erfolgreiches Kundenbeziehungsmanagement leitet sich aus mehreren Beziehungsebenen ab. Hierzu gehören zum Beispiel Beziehungen zwischen dem Kunden und dem Produkt, der Marke, dem Unternehmen sowie anderen Kunden. Für die Umsetzung von CRM werden Kundendaten gesammelt und meist in einer Datenbank verwaltet. Nach einer Analyse der Kundendaten werden anschließend Maßnahmen für verschiedene Unternehmensbereiche wie zum Beispiel Vertrieb, Kundenbindung oder Produktverbesserung abgeleitet. (2), (11), (14), (18)

Die Prozesse des CRM werden in der Regel mit Hilfe von Softwarelösungen implementiert. Auch kleine und mittelständische Firmen setzten inzwischen CRM-Lösungen um. Ermöglicht wird die Umsetzung zuvor kostenintensiver CRM-Projekte durch so genannte CRM-on-Demand-Lösungen. Hierbei wird die CRM-Software nicht gekauft, sodnern gemietet. Technisch sind diese Mietmodelle weniger aufwendig, da sie über ein Rechenzentrum bereitgestellt und über das Internet bedienerfreundlich verfügbar gemacht werden. (2), (6), (8)

CRM ist bereits in den Arbeitsalltag integriert und wird von den meisten Beschäftigten für das Unternehmen nutzenbringend eingesetzt. Markt- und kundenstrategische Ansätze können jedoch zusätzlich optimiert werden. Hierzu sollte das Management ein ausführliches Kundenleitbild erstellen, welches der Zielsetzung eines Customer Relationship Managements entspricht. Um ein optimales CRM-Konzept zu erlangen, ist es wichtig, beispielsweise alle vertriebsorientierten Mitarbeiter bei der Analyse und Entwicklung der Prozesse zu integrieren. (5), (10)

Supplier Relationship Management (SRM)

Das Supplier Relationship Management widmet sich dem Beziehungsmanagement zwischen Unternehmen und seinen Zulieferern. Hierzu werden klassischerweise E-Procurement-Lösungen angewendet. Dabei fokussiert dieser Ansatz jedoch lediglich eine Verbesserung operativer Beschaffungsprozesse. Ein ganzheitlicher Supplier Relationship Management-Ansatz zielt dagegen darauf ab, eine strategische Kooperation zwischen dem Management und ausgewählten Lieferanten zu entwickeln. (1), (12)

Fallbeispiele

IBM hat ein Partner-Konzept beispielsweise zu Erreichung seiner Mittelstandskunden implementiert. So konstatiert Andreas Liefeith, Territory Partner Manager für die Region Ost, das mit einer Umsetzung dieses Konzeptes vor allem kleine und mittelständische Unternehmen eine umfassendere Betreuung erhalten. Dabei wirken vor allem vordefinierte Strukturen erfolgsteigernd. Das Konzept wird von IBM in Zusammenarbeit mit ausgewählten IBM-Business-Partnern umgesetzt. Auf diese Weise erhalten kleine und mittelständische Kunden alle Angebote aus einer Hand. (16)

Öffentliche Verwaltungen sehen die Notwendigkeit für ein verbessertes Kundenbeziehungsmanagement zwischen Bürgern und Verwaltungen zunehmend als einen wichtigen Faktor für eine effizientere Gestaltung behördlicher Vorgänge an. Da die Bürger in Deutschland vor allem auf Länder- wie kommunaler Ebene Verwaltungsdienstleistungen benötigen, wurde eine Initiative Deutschland-Online gegründet. Hierbei werden verschiedene Maßnahmen wie beispielsweise die Einbindung von CRM-Systemen geplant. Dies ermöglicht Bürgern, über interaktive Kommunikation, beispielsweise auf Informationen zu Leistungen von einzelnen Behörden, direkt zuzugreifen. (9)

Die Internet-Agentur Artundweise aus Bremen und der Bundesverband Digitale Wirtschaft (BVDW) aus Düsseldorf haben eine so genannte Loyalty-Lounge entwickelt. Das Ziel ist ein kontinuierlicher Dialog zwischen Marken und den jeweiligen Zielgruppen. So wurde beispielsweise für Milka eine Kuh-munity entwickelt. Über diesen Internetauftritt werden CRM, Online-Marketing und Marktforschung gebündelt. (4)

SAP will mit Mysap CRM 2005 eine neue Kunden-Management-Software anbieten. Hierzu ist Branchen- und Prozess-Know-how aus 25 Branchen in die Software eingeflossen. Die Software bietet vor allem eine Erweiterung der bisherigen Funktionen für die Bereiche Vertrieb, Service und Marketing. Die Software ist nun in einzelne CRM-Module aufgeteilt. SAP hat zudem die Analysefunktionen und die Benutzerschnittstellen verbessert. (7)

Heidelberger Druckmaschinen haben 2002 den CRM Best Practice Award, der jährlich von dem Veranstalter CRMexpo und Aquisa vergeben wird, gewonnen. Ziel war eine kundenorientierte

Ausrichtung aller Prozesse. Die Heidelberger Druckmaschinen haben hierfür die eigenen Handlungsansätze zu Betreuung von Kunden analysiert. Letztlich wurden alle Verkaufs- und Serviceprozesse verbessert sowie ein einheitlicher Auftragsabwicklungsprozess umgesetzt. (10)

Weiterführende Literatur

(1) Supplier Relationship Management – Lieferantenportale Von der „Webifizierung" zur Integration
aus BA Beschaffung aktuell, Heft 6, 2005, S. 40

(2) Keine Angst vor CRM
aus Sales Business, Heft 2005/11, S. 16-20

(3) CRM-Budgets legen zu
aus Lebensmittel Zeitung 44 vom 04.11.2005 Seite 063

(4) Milka baut auf "Kuh-munity"
aus Lebensmittel Zeitung 44 vom 04.11.2005 Seite 062

(5) CRM - woran es in der Praxis hapert
aus Computerwoche, 11.11.2005, Nr. 45 Seite 45

(6) O.V., Sage reorganisiert CRM-Aktivitäten weltweit, www.horizont.net, 25.10.2005
aus Computerwoche, 11.11.2005, Nr. 45 Seite 45

(7) SAP nimmt neuen Anlauf im CRM-Markt

aus Computerwoche, 14.10.2005, Nr. 41 Seite 15

(8) KUNDEN-MANAGEMENT So wächst der CRM-Markt bis 2009
aus Computerwoche, 02.09.2005, Nr. 35 Seite 42

(9) CRM-Systeme für den Öffentlichen Sektor Der Bürger steht im Mittelpunkt
aus Government Computing, Heft 08-9/2005, S. 20

(10) Implementierungsfalle CRM
aus acquisa, Vol. 53, Heft 05/2005, S. 14-19

(11) Was ist CRM?
aus Finanz und Wirtschaft, Seite 36

(12) Lieferantenbewertung und -controlling als Steuerungsinstrumente Leistungsfähig, zuverlässig
aus BA Beschaffung aktuell, Heft 10, 2005, S. 28

(13) Belz, Christian, Customer Value - Kundenbewertung und Kundenvorteile, Controlling, Heft 6/2005, S. 327
aus BA Beschaffung aktuell, Heft 10, 2005, S. 28

(14) Hippner, Hajo, Die (R)Evolution des Customer Relationship Management, Marketing, Heft 2/2005, S. 115
aus BA Beschaffung aktuell, Heft 10, 2005, S. 28

(15) Was ist Clienting
aus Bank und Markt 02 vom 01.02.2005 Seite 038

(16) IBM: Express Portfolio wird ausgebaut Partner

für den Mittelstand
aus LVZ/Leipziger-Volkszeitung, 09.11.2005, S. 2

(17) Profis geben Tipps zu Netzwerken Netzwerke: Konferenz für Kontakteschmieder
aus WirtschaftsBlatt, 29.10.2005, Nr. 2481, S. 15

(18) The Paradox of Brand Community "Management"
aus Thexis, Jg. 22, Nr. 3 vom 01.06.2005, S. 16-20

Impressum

Partner Relationship Management (PRM) - ein wesentlicher Bestandteil des Unternehmensmanagements?

Bibliografische Information der deutschen Nationalbibliothek

Die Deutsche Nationalbibliothek verzeichnet diese Publikation in der deutschen Nationalbibliografie; detaillierte bibliografische Daten sind im Internet über http://dnb.d-nb.de abrufbar.

ISBN: 978-3-7379-0181-9

© 2015 GBI-Genios Deutsche Wirtschaftsdatenbank GmbH, Freischützstraße 96, 81927 München, www.genios.de

Alle Rechte vorbehalten. Dieses Werk ist einschließlich aller seiner Teile – z.B. Texte, Tabellen und Grafiken - urheberrechtlich geschützt. Jede Verwertung außerhalb der Grenzen des Urheberrechtsgesetzes bedarf der vorherigen Zustimmung des Verlags. Dies gilt insbesondere auch für auszugsweise Nachdrucke, fotomechanische Vervielfältigungen (Fotokopie/Mikroskopie), Übersetzungen, Auswertungen durch Datenbanken oder ähnliche Einrichtungen und die Einspeicherung und Verarbeitung in elektronischen Systemen.